Jannys KOMBILA

BLESSURE ET BRISURE DE VIE

Du même auteur :

- HYBRIDE ROMANCE et
La Complainte de la Vierge souillée
(Théâtre) Edition BoD, 2010

- RIMES D'ENFANT (Poésie) Edition
BoD, 2010

- EXALTATIONS ET
LAMENTATIONS (Poésie) Edition
BoD, 2010

« La vie est une longue blessure qui s'endort rarement et ne guérit jamais. »

Georges Sand, extrait de Correspondances.

« …il s'agit d'écrire ce qui reste inconnu de nous-mêmes de nous unir pour préparer les défis de la préservation de la nature de la qualité de vie des citoyens des générations actuelles et futures… »

Pr Grégoire BIYOGO

7è salon du livre de Libreville

« Dans la poésie la vie est encore plus vie que la vie même. »

Vissarion BIELINSKI

Extrait de la poésie de M. Lermontov

La vie, l'essence, l'homme, la société, l'errance, l'amour.
La monotonie des choses, les idylles de félonie.
La désuétude de l'âme, la déchéance, l'espoir… La mort.
Autant de fontaines comme cette misère constante qui ne tarit pas.
Il y a tout un univers d'émotion dit en un rythme ou en une musicalité lyrique.

Jannys KOMBILA

ROSE CHAGRINE

Elle ne m'a jamais aimé
Je l'ai su sans l'embrasser
Elle n'a jamais rêvé de moi
Je l'ai lu dans ces yeux en émoi

Mais dans mon cœur que d'amour
Elle était gracieuse avant le jour
Un sourire aux multiples éclats
Des désirs sans mots d'ébats

Et ses seins dans mes mains
Et ma bouche sans soupir malsain
Je l'ai aimé en attachement
Des attraits sans détachement

Elle était mon beau précipice
Mon déclin au tambour de vice
De sa douceur je m'éprenais
Par sa nitescence je renaissais

Et les nuits en lune de passion
Comme un bonheur en frisson
Ses lèvres m'ont tant enseigné
Comme ce refus qui m'a peiné

Mais je garde d'elle sa nonchalance
Cette démarche au corps en balance
Et cette flamme dans sa beauté
Pareille à une étincelle de royauté

Jannys KOMBILA

MES LARMES DANS TES YEUX

Mes larmes dans tes yeux
Un baiser froid sans adieu
Tout est triste tout est avide
Plus de parfum une fiole vide

Un amour au tambour de vie
Une passion aux folles envies
Mon âme pleure et je m'enivre
Effarez- moi alcools et livres

Mon cœur est mort sans moi
Je revis sans nævus sans émoi
Un souvenir inanimé
m'amusant
Est-ce ton sourire là-bas luisant

Mes larmes dans tes yeux
Comme tout était radieux
Nos regards en pluie de caresses
Ces nuits aux petites tendresses

Un matin esseulé te cherchant
Psalmodiant amer ton cher chant
J'espérais nous voir tout supporter
Même cet air que je n'ai su porter

Mes larmes dans tes yeux
Un baiser froid sans   adieu
Tout est triste tout est avide
Plus de parfum une fiole

Es-tu partie seulement
heureuse
Dans cette pesante douleur
creuse
Ma nostalgie a gardé ta
physionomie
Notre idylle était que belle
antinomie

Jannys KOMBILA

IMMIGRE

On m'appelle immigré
Homme noir ou expatrié
Moi qui parle le bantou
Et aussi un peu de tout

J'ai été colonisé blanc
J'ai vu mourir mes parents
Mon pays est leur richesse
Aujourd'hui je vis la détresse

On me nomme sans papier
Homme de couleur à pieds
Moi qui parle le français
Comme un négrier le sait

On m'expulse dans la honte
Les poignets blessés en fonte
Mon supplice est ma couleur
Mais je suis né dans la douleur

On m'appelle immigré
Homme fort sans intégrité
Mon tort est mon indigence
Et aussi ma grande ignorance

J'ai été à l'école pour comprendre
L'histoire de l'homme et apprendre
Que l'impécunieux est illégal
Et que la justice est inégale

On me nomme clandestin
Réfugié, exilé sans destin
Moi qui travaille pour vivre
Comme un bourgeois ivre

On m'enlève ma dignité
Moi qui n'ai plus d'identité
Mon supplice est ma couleur
Mais je suis né dans la douleur

Jannys KOMBILA

AVEC DES MOTS SIMPLES

Avec des mots simples
On peut sauver une vie
Avec des mots simples
On peut être bien ravi

Avec des mots simples
On peut dire je t'aime
Avec des mots simples
On peut dire un poème

Avec des mots simples
On peut changer le monde
Avec des mots simples
On peut bannir l'immonde

Avec des mots simples

On peut implorer Dieu
Avec des mots simples
On peut se dire adieu

Avec des mots simples
On peut bâtir son destin
Avec des mots simples
On peut lire son chemin

Avec des mots simples
On peut parler à autrui
Avec des mots simples
On peut être instruit

Avec des mots simples
On peut susciter l'estime
Avec des mots simples
On peut devenir intime

Avec des mots simples
On peut exprimer l'ennui
Avec des mots simples
On peut désigner la nuit

Avec des mots simples
On peut tout partager
Avec des mots simples
On peut tout arranger

Avec des mots simples
On peut crier sa rage
Avec des mots simples
On peut être un sage

Avec des mots simples
On peut se pourvoir
Avec des mots simples
On peut s'émouvoir

Avec des mots simples
On peut tout comprendre
Avec des mots simples
On peut tous s'éprendre

Jannys KOMBILA
ANGOISSE

J'ai peur de la vie pas de la mort
Tout est insensé aussi les remords
Je cherche la lumière du jour
Et l'obscurité de la nuit pour

Dire au monde que tout est mal
L'amour dieu et le diable sont mâles
J'ai cherché la cause pas la fin
Tout est controversé même l'enfin

Je voyage dans l'incompris
Les préjugés les rien appris
Dire au monde que tout est tard
Les rêves des hommes blafards

J'ai écouté les prières pas les pleurs
Tout est morose aussi les douleurs
Je meurs pour taire les lamentations
Près des âmes vouées à la tentation

Dire au monde que tout est enclos
Les rires murés et les visages clos
J'ai scruté le soleil pas les étoiles
Tout est insolite comme les toiles

Je marche sans repère vers mers
Les océans noirs aux périls amers
Dire au monde que tout est tréfonds
L'existence et les tourments profonds

Jannys KOMBILA

LE MAL AIME

Partez ! Partez !
Femmes déçues
De l'autre côté
Les hommes sont amènes

Partez ! Partez !
Là-bas près des rivières
Vos mains lourdes
trouveront le repos

Un jour un bonheur
Des rêves prisonniers
Des faux amours
Une nuit un espoir
Dans vos yeux le mal aimé

Après les mirages
Sentez les alizés des rivages
Tout renaît sur les lèvres
rigides
Un passé au poids du chagrin
Tous les remords nous disent
adieu

Partez ! Partez !
Femmes fripées
De l'autre côté
Les sentiments sont vrais

Partez ! Partez !
Loin des apitoiements
Demain un soleil
sur vos sourires

Quand la vie vous délaisse
Une missive ouverte
Et refermée sur l'attente
Une belle trahison volontaire
Faut-il tout pardonner
Doit- on tout abandonner
Les larmes nous témoignent
Et voilà que seul s'en va
l'horizon
Laissant à chaque douleur
Une couleur flavescente
d'anxiété

Jannys KOMBILA

REGRETS…

Elle était belle dans ses
cheveux noirs
Elle était elle quand elle pleurait
le soir
Et la vie dans son sourire
elle s'émouvait
Et le silence dans son cœur
elle en mourait

Mais les émotions préservées
Les regards d'hommes
réservés
Un éclat de beauté femme
lisant
Derrière sa mansuétude luisant

Il est vrai que tout s'en va en
éphémère
Nos désirs nos sentiments et
effets mères

Les habitudes nous rendent
notre naturel
Dans ce long voyage restons-
nous mortels

Elle était belle dans ses
cheveux noirs
Elle était elle quand elle pleurait
le soir
Et la vie dans son sourire elle
s'émouvait
Et le silence dans son cœur
elle en mourait

Dans ces nuits douces elle
voyait encore
Ses beaux jours en
attachement et corps
Ses petites amours de
bonheurs allègres
Qu'a-t-elle emporté à son
départ d'aigre

Un souvenir triste de son
enfance blanche
Elle qui partageait sa vie en
étant franche
Voilà que tout se referme sur
son chemin
Seul son amour nous dira son
infini destin

Elle était belle dans ses
cheveux noirs
Elle était elle quand elle mourut
ce soir
Et la vie dans son sourire
disparaissait
Et le mutisme dans son cœur
s'effaçait

Jannys KOMBILA

APRES L'AMOUR...

Que nous reste- il après l'amour ?
Voilà le jour déjà qui s'en va
Mes larmes encore patentes
Sur ses cheveux frisquets
Seul je me témoigne de mon chagrin

Et demain qui viendra vers moi
Sans sentiments toucher mes lèvres
Apprendre à sourire à mon cœur
Quand les feux nous brûlent au-dedans
Sans flammes sans âme indure

Un baiser resté à jamais accroché
Dans mes souvenirs en sanglots

Une image d'elle en lumière
d'humeur
Ce visage de printemps
d'amour
Après les dernières cloches
d'église

Que nous reste-il après
l'amour ?
Là- bas il n'y a pas de vie
On se perd dans les voyages
On garde comme seul
compagnon
Cette unique photo en
promesse

Quand nous invite le parfum
des fleurs
A danser avec nos émotions
tristes
Il reste un peu d'elle en moi un
peu d'ailes
Pour m'envoler pleurer loin des
regards

Oublier qu'ici quand on aime on meurt

Et pourquoi croire encore aux infidèles
Inclinations qui nous crucifient sans voix
Une douleur concave comme une pendule
Qui nous rappelle le temps des idylles mûres
Voici le lac de l'oubli j'y plonge sans ma mémoire

Que nous reste-il après l'amour
Sans souvenirs…

Jannys KOMBILA

ESSENCE DU TEMPS

Dans cet air j'y ai caché nos souvenirs
Comme ce temps j'ai peur de prévenir
J'ai laissé près de tes rêves intimes
Des lettres ouvertes pleines d'estime

Je suis parti et toi tu m'as souris en pleur
Comme un soleil tu as ébloui mon cœur
Il était déjà tard dans mes émotions soirs
Le vent me portait vers le juste y croire

Mais ta main triste suppliant la mienne

Comme ce regard perdu et sans haine
Le cœur serré le visage blêmit radieux
Comment se retourner sans dire adieu

Dans cet air j'y ai gardé nos plaisirs
Comme cette flamme au creux désir
C'est ton parfum qui me ramène
Vers cet amour au plaisir amène

Une vive pensée dans le vent d'amour
Des creux souvenirs au gout du jour

Tes doux yeux larmoyant
insistant
Comme ce dernier baiser
m'invitant

Jannys KOMBILA

MA BELLE VOILEE

C'est dans tes yeux que j'ai
suspendu mon émotion
Une caresse comme un beau
friselis plein de dévotion
Et toi belle âme au regard de
chapelet que me vois-tu
Est-ce ma pensée nue à toi qui
te paraît impromptue

J'ai ôté ton voile sans
déshabiller ton visage
Et ta beauté m'a sourit d'une
mine plutôt sage
J'ai péché sur tes lèvres
d'épouse admirable
Ne m'en veux pas je te sais
femme adorable

C'est dans tes yeux que j'ai
perdu ma fermeté
Te dire combien j'étais fasciné
par ta sérénité
Et mon humeur blême perdue
dans ta nitescence
Comme ces impérities qui
tachent nos essences

J'ai touché ta chevelure sans
offenser l'islam
Mes doigts en mansuétude en
note de blâme
Près de toi on se perd en
chaland sans voile
Comment cacher son front
devant une étoile

C'est dans mes yeux que m'a
parlé ta quiétude
Un parfum de charme chassant
mes inquiétudes
Mais je dois sortir de ce rêve
car la réalité s'éveille
Et j'ai peur de m'éprendre de
toi qui m'émerveille

Jannys KOMBILA

LES FEUILLES MORTES DE L'AUTOMNE

Toute tombe autour de moi
C'est l'automne…
Les feuilles des arbres esseulés
Les fleurs des amours rompues
Les larmes de félonies d'idylles
L'ondée des souvenirs saumâtres

Tout s'envole autour de moi
C'est l'automne…
Les oiseaux en vol frivoles
Les pensées en ivresse
Comme ces femmes nues
Qui nous torturent l'âme

Tout change autour de moi
C'est l'automne…

Le regard du temps chagrin
Les paysages les estivages
Les amourettes pastorales
Et dans le vent nos regrets

Tout se reconstruit autour de moi
C'est l'automne dans nos vies
Un peu de bonheur près des luttes
Des baisers d'émotion en pluie
Nos visages ont retrouvé la lumière
Demain nous partirons loin de tout

Jannys KOMBILA

SILENCE...

Silence !

Ici gît notre sort
Le peuple est mort
La langue écorchée
Les yeux amochés
La société pleure
Allons ! Combattre sans peur

Silence !

Ici on a tout perdu
Les nôtres ont tout vendu
Plus rien dans nos vies
Plus rien dans nos cris
Les mains derrière la tête
Implorant que tout s'arrête

Silence !

Ici on panse nos blessures
Sans pensées en flétrissure
Tant de cadavres endormis
Les esprits dénués promis
Près de l'espérance le deuil
Devant la croix on se recueille

Silence !

Ici commence ma fin
Mon devoir est ma faim
Je pleure quand je ris
Mon alacrité est délit
Quand on croit on voit
Quand on meurt on doit

Jannys KOMBILA

EMOTION ENDOLORIE

Tu étais mon cœur
Et moi ta belle rancœur
Je t'ai aimé en lueur
Mais ton amour était leurre

Je vivais dans la tumeur
Loin de la bonne humeur
Et voilà que le temps demeure
Là où les idylles se meurent

Pourtant tout était bonheur
Tu rêvais que de ton honneur
Un amour sans couleur
Est une vie en malheur

J'étais le beau bonimenteur
Voué à un avenir non prometteur

Et le ciel sans toi en candeur
Une larme asséchée de plaideur

Nos vies en perte s'éloignent en heure
O mon amour tout est devenu heurt
Accorde à mes pensées en douleur
Un peu de ton angélique douceur

Reviens à moi sans peur
Mes yeux sans toi pleurent
J'ai déchiré les rêves d'horreur
Une nuit criant toute ma terreur

Jannys KOMBILA

LA DERNIERE MARCHE

Mon peuple a faim
Il a perdu ses desseins
Mon peuple est irrité
Rendez- lui sa liberté

Nos pieds ont le poids des marches
La longue marche des délaissés
Nous sommes las de vivre
Le même soleil de la misère
Qui nous réveille à chaque chant

Nous somme fatigués de croire
Un lendemain meilleur
Quand tout nous condamne
Des lois au son de beffrois
Nous rappelant notre frontière

Mon peuple a faim
Il a perdu ses desseins
Mon peuple est irrité
Rendez- lui sa liberté

Nos mains nous supplient
Quand la force nous abandonne
Un regard de désespoir
Des yeux malades qui geignent
La haut plus personne ne lutte

Nos voix se taisent en écho
Il nous reste que le tort de notre sort
Un dernier soupir pour se relever
Les poings pliés pour se sacrifier
Le combat nous délivrera de la geôle

Mon peuple a faim
Il a perdu ses desseins
Mon peuple est irrité
Rendez- lui sa liberté

Allons ! Relevons-nous
N'attendons pas l'aube
Nos armes sont notre bravoure
Frères ! Sœurs ! Et vous aussi !
Il est temps de mourir enfin

Et nos enfants vivront demain
Adieu belle patrie !
Adieu toi qui n'as pas cru
Je m'en vais reprendre ma liberté
Voilà le soleil et il brille pour nous

Jannys KOMBILA

A L'AUBE DE MON COMBAT

On nous a fait manger les bourbes de chiens
Dans cette société qui condamne les gueux
On nous a traité de pauvres sacripants
Dans cette existence accablante

Il est temps de vomir notre souffrance
Sur ces mécréants charlatans voleur
Ouvrons nos yeux la main sur le cœur
Et disons assez ! A cette inhumanité

Aujourd'hui prenons notre liberté

Pas celle des indépendances et traités
Réveillez- vous ! Consciences endormies
Masturbez vos velléités sortez de cet enfer

Chaque jour qui passe en complainte
Est une petite misère qui s'engendre
Seul celui qui a peur de lutter
Voit la décrépitude l'emporter

La route est longue vers la démocratie
Evitons de penser en blanc
Quand on est noir de peau
L'heure n'est plus aux constats aux gloses

Ni aux discours mais à
l'engagement
Une seule voix dans une même
foi
Toi qui comme moi crois au
réveil de la plèbe piétinée
Vois- tu comment de l'autre
côté la lueur nous appelle

Jannys KOMBILA

CHOMAGE

J'attends là debout depuis des années
D'être engagé pour ne pas être damné
Mais l'attente est longue et tout passe
Ma vie mon bonheur et tout trépasse

Mes diplômes ont perdu leur valeur
Et mes aptitudes devenues pâleur
Je crie aux passants qui m'ignorent
Le regard perdu poignant qui implore

Une petite pièce pour me
donner le courage
De croire et de contenir sans
peine ma rage
Sourire dans la misère quand le
monde vous tue
Dormir là debout et attendre
son rêve impromptu

Ma vie est ta vie comme moi tu
comprendras
Que les hommes passes mais
tu apprendras
Que les visages ont des
masques sombres
Demain je ne serai plus là
debout mais ombre

Jannys KOMBILA

NAUSEE NOIRE

On s'accroche à la vie
Comme on s'efface à la mort
Besoin de rien vouloir de tout
Juste survivre pour dire au monde

Que nous sommes épuisés
Epuisés de la lourdeur des choses
Des envies qui nous brisent
Un corps toujours insatiable

Un esprit malade mais vivant
Otez de moi ce faix
La vie marche loin de mes avidités
Mais la mort les ramène à moi

Qu'est-ce dont mon destin
Et cette lueur opaque qui m'invite
Un peu de musique dans ma tête
Il y a trop de notes de silence

Mes yeux s'éveillent encore
Dans cette pièce blanche
Il n'y a personne mais tout me parle
La peur, les tourments, et les autres

Mes mains flemmardes m'interdisent
De vous dire ce que je vois
Mais le sentez- vous à travers moi
Rien ne bouge mais tout me parle

On s'accroche à la vie
Comme on s'efface à la mort
Un bonheur qui vous appelle
Sans soleil dans vos mains

Des ombres de fleurs me dévisagent
Sans regard sans vie sans double
Elles attendent que je m'endorme
Mais cette musique qui la joue ?

Cet air si melliflu d'où vient- il ?
Et vous l'entendez- vous à travers moi
Il y a trop de silence dans ma tête
Que mêmes mes paroles se perdent

Je ne peux plus te prendre la main

Tout est frimas comme mon regard
Je ne me résigne pas je souffle encore
Mais tant de luttes pour presque rien

Tant de rien pour presque tout
De quoi avons- nous besoin
De croyances, d'intelligence
Du nécessaire ou du pouvoir

Voilà que les pensées m'infirment
Comment se comprendre en fronde
On voit tout en blanc les yeux clos
Une fois ouverts tout redevient noir

Jannys KOMBILA

AVERSION

Il y a tant de différences entre nous
Que je m'interroge si je suis des vôtres
Dites- moi seulement pourquoi…
Et je me tairais sans vous semoncer

Il y a tant d'âmes éclopées
Des lames tranchantes
Sur chaque pas amorcés
Et le mal est- il votre alter- égo

On pleure trop dans ce monde
Que des sourires lâchés en ballon
Mais ta vie est-elle votre reflet
Et ce désir de tout sans rien à autrui

On marche les yeux bas pour vous ignorer
Quand on les relève la nuit tombée
C'est pour réconforter les âmes timorées
Se couchant au- dehors après la tempête

J'ai mal de me sentir incompris
Mais mes maux dans mes mots
Sonneront peut- être plus fort
Qu'une oraison à l'heure de votre mort

Jannys KOMBILA

AVEUX

Me revoilà après toutes ces
années
Je n'ai pas reconnu tes fleurs
fanées
J'ai choisi le silence comme
arme
Pour ne pas voir tes belles
larmes

L'existence a trompé mes
desseins
Et a détourné mon véridique
destin
De toi je me suis épris en
caresse
Tes lèvres aux pollens de
tendresse

Je n'ai pas eu la force de te
garder

Te dire que sans toi je suis athée
Je voudrais tout refaire mais hélas
Le temps m'a conservé et me lasse

Si en toi il reste encore un peu de moi
Je rentrerai marquer mon amour en toi
Pardonne à mon cœur pas à mon corps
Il t'a toujours attendu et même encore

Comme cette hirondelle j'ai trop volé
Au- dessus de rien sans être convolé
J'ai crains ton amertume après l'orage
Saches qu'au fond de moi j'ai ton image

Jannys KOMBILA

TIERS- MONDE

Nous sommes un peuple endetté
Nous vivons comme des régurgités
Nous devons aux nations aisées
Une existence entière malaisée

L'argent nous vend et nous crucifie
Quand la misère noire nous asphyxie
Nous enterrons nos enfants affamés
Qui meurent au quotidien alarmés

Nous sommes un peuple damné
Dans un grand continent condamné
On travaille la terre pour survivre
Nos richesses nous rendent ivres

Le matériel nous divise et nous tue
Le sacré est mort comme la vertu
Une dette pesante pour une vie
Une indépendance adjurée sévie

Nous sommes un peuple
endetté
Nous vivons comme des
régurgités
Nous devons aux nations
aisées
Une existence entière malaisée

Hier, les cicatrices de
l'extermination
Aujourd'hui est née la
mondialisation
Et demain qu'inscrirons-nous
au globe
Le monde est sale je m'en irai à
l'aube

Jannys KOMBILA

ITINERAIRE D'UN RETOUR

Les jours défilaient en pensée
dans ma tête
Les yeux prisonniers du temps
qui passait
Je contemplais la saison des
amours absurdes
Comme ces arbres qui perdent
leurs crins
Et s'abandonnent à l'anxiété
Le bonheur était là, enfin
presque

Tout s'envolait en feuilles de souvenir
Tout jaunissait en larmes de regret
Toujours ce même regard
Rien ne change avec le temps qui passe
Je pensais à mon quartier
Les nuits étaient proches des levés de soleil
Et cela m'émerveillait

Je découvrais les saisons des Blancs
La nuit sortait avant son heure
Chassait le jour d'un coup d'ombre sombre
Je me remémorais des soirées entre amis
Ces discussions qui n'en finissaient jamais
Ma patience fut pesante
Comme le ventre d'une veuve à terme
Je pensais à mon retour au pays natal…

Jannys KOMBILA

A Toi mon peuple, lève- toi et parle !

© 2011, Jannys Kombila
Edition : Books on Demand, 75008 Paris
Imprimé par Books on Demand GmbH, Allemagne
ISBN : 9782810613595